DANIEL SIQUEIRA
(Organizador)

Novena da Sagrada Família

EDITORA
SANTUÁRIO

Direção editorial:
Pe. Fábio Evaristo R. Silva, C.Ss.R.

Revisão:
Luana Galvão

Coordenação editorial:
Ana Lúcia de Castro Leite

Diagramação e capa:
Bruno Olivoto

Copidesque:
Cristina Nunes

Textos bíblicos tirados da *Bíblia de Aparecida*, Editora Santuário, 2006.

ISBN 978-85-369-0466-5

1ª impressão: 2016
3ª impressão

Todos os direitos reservados à **EDITORA SANTUÁRIO** – 2022

Rua Pe. Claro Monteiro, 342 – 12570-000 – Aparecida-SP
Tel.: 12 3104-2000 – Televendas: 0800 - 0 16 00 04
www.editorasantuario.com.br
vendas@editorasantuario.com.br

A Sagrada Família

Deus, quando enviou o seu filho ao mundo, quis que ele nascesse em uma família e em um lar abençoado. Segundo a tradição, Maria era filha de Joaquim e Ana, um casal religioso e piedoso, que ofereceu muito amor à filha, educando-a dentro dos princípios da fé e do amor a Deus. José era um homem justo, religioso e trabalhador. Assim quis Deus: que seu filho nascesse e fosse criado, amado e educado por essas duas pessoas.

A família de Nazaré viveu uma vida comum, com José exercendo o seu ofício de carpinteiro, trabalhando, diariamente, não sem dificuldades, para trazer o sustento para a casa e para sua família. Maria, por sua vez, cuidava dos afazeres da casa, limpando, organizando, cozinhando, costurando, moendo farinha e educando o filho, o menino Jesus. Essa família, por vezes, deve ter passado por momentos de dificuldades financeiras, casos de doenças e enfermidades e por outros momentos complicados, como acontecem com todas as famílias.

José e Maria, como narram os Evangelhos, eram duas pessoas religiosas, piedosas e em tudo procuravam fazer a vontade de Deus em suas vidas. Isso com certeza se concretizava em seu lar, com a família se reunindo diariamente para rezar e agradecer a Deus. Nos sábados, iam à Sinagoga reunir-se com a comunidade e, periodicamente, visitavam o Templo em Jerusalém. Foi essa mesma fé que eles transmitiram a Jesus.

Foi nesse lar simples, sem muito conforto ou luxo, que cresceu o menino Jesus, provavelmente, brincando com as crianças de sua idade quando pequeno. Educado por sua mãe, aprendeu os princípios e os preceitos da religião. O ofício de carpinteiro aprendeu com José quando adolescente.

A família de Nazaré é para todos os cristãos um modelo, mas para aqueles que optaram pela vocação matrimonial, de construir um lar, ela é a melhor fonte de inspiração e um exemplo a ser seguido. Que nossas famílias sejam assim como foi a Sagrada Família de Nazaré: uma família abençoada, feliz e cheia da presença de Deus.

Oração inicial

Iniciando este momento de oração, eu me dirijo à Trindade Santa, fonte de toda paz, de todo amor e de toda misericórdia, rezando:

Em nome do Pai † do Filho e do Espírito Santo. Amém.

Pai de misericórdia, por amor a nós, seus filhos, enviastes vosso filho Jesus ao mundo e quisestes que Ele nascesse no seio de uma família, dando-lhe como mãe a bem-aventurada Virgem Maria e, como pai, o justo São José. Neste momento, dirijo-me a vós rezando e pedindo-vos que, por intercessão da Sagrada Família de Nazaré, atendais a minha súplica, abençoando a mim e a minha família.

Sagrada Família de Nazaré, eu e minha família estamos aqui em vossa presença, em atitude de oração e de escuta. Quero pedir-vos que possais acolher a minha prece que, com sinceridade de coração, neste momento, dirijo-vos. Sagrada família, Jesus, Maria e José, a minha família vossa é.

Oração final

A Sagrada família de Nazaré cultivava uma profunda vida de oração e era perseverante na fé. Quero também que minha família esteja sempre na presença do Senhor. Neste momento, dirijo-me mais uma vez ao Deus da vida, criador de todas as coisas, infinitamente amoroso e misericordioso, rezando:

Pai nosso, que estais nos céus...

Recorro a Maria, mãe da Jesus, mulher de fé e de amor, que em tudo procurou fazer a vontade de Deus. Nas suas mãos coloco todas as mulheres, todas as esposas e mães, rezando:

Ave, Maria, cheia de graça...

Quero ainda suplicar o auxílio de São José, homem justo e de fé, patrono e guarda da Sagrada Família. A ele confio todos os homens, todos os maridos e pais, rezando:

Ó glorioso São José, Pai da Sagrada família, rogai por todos os homens, por todos os esposos e por todos os pais. Amém.

Ó Deus, que nos destes a Sagrada família como modelo e exemplo para todas as famílias, dai a mim e à minha família a graça da perseverança diante das dificuldades. Sustentai a minha família na fidelidade ao vosso ensinamento. Que a vossa graça e a vossa bênção salvadora desçam abundantes sobre mim e minha família. Em nome do Pai † do Filho e do Espírito Santo. Amém.

Oração à Sagrada Família
(Papa Francisco)

Jesus, Maria e José, em vós contemplamos o esplendor do verdadeiro amor; confiantes, a vós nos consagramos. Sagrada Família de Nazaré, tornai também as nossas famílias lugares de comunhão e cenáculos de oração, autênticas escolas do Evangelho e pequenas igrejas domésticas. Sagrada Família de Nazaré, que nunca mais haja nas famílias episódios de violência, de fechamento e divisão; e quem tiver sido ferido ou escandalizado seja rapidamente consolado e curado. Sagrada Família de Nazaré, fazei que todos nos tornemos conscientes do caráter sagrado e inviolável da família, da sua beleza no projeto de Deus. Jesus, Maria e José, ouvi-nos e acolhei a nossa súplica. Amém.

1º Dia
SAGRADA FAMÍLIA E A VOCAÇÃO PARA O AMOR

1. Oração inicial *(p. 5)*

2. Palavra de Deus *(Gn 1,26-28)*

Deus disse: "Façamos o ser humano a nossa imagem, como nossa semelhança; domine sobre os peixes do mar e sobre as aves do céu, sobre os animais domésticos, sobre todos os animais selvagens e sobre todos os répteis que rastejam pelo chão". E Deus criou o ser humano a sua imagem; à imagem de Deus o criou: homem e mulher os criou; Deus os abençoou e disse: "Sede fecundos e multiplicai-vos, enchei a terra e submetei-a; dominai sobre os peixes do mar, sobre as aves do céu e sobre todo ser vivo que rasteja pelo chão".
– Palavra do Senhor!

3. Refletindo a Palavra

Deus criou o ser humano à sua imagem e à sua semelhança, foi assim que Ele quis que o homem e a mulher fossem. Deus não quis que o homem ficasse só, por isso deu a ele a mulher como companheira. Os dois deveriam se unir e juntos se tornarem uma só carne.

A construção da vida a dois começa com um processo de conhecimento, em que o casal, aos poucos, vai descobrindo os gostos e os jeitos que têm em comum e também aquilo que é diferente nos dois. Aos poucos, isso vai evoluindo para algo mais sério, até chegar o momento de assumir o matrimônio. Com Maria e José não deve ter sido diferente: buscaram-se preparar para constituir uma família e, certamente, tinham planos para vida a dois. Deus também tinha uma proposta especial para esse casal.

4. Meditando a Palavra

a) Quais são os planos de Deus para mim e minha família?
b) Percebo a minha família como um lugar da manifestação de Deus?

5. Oração final *(p. 6)*

2º Dia
SAGRADA FAMÍLIA E OS DESÍGNIOS DE DEUS

1. Oração inicial *(p. 5)*

2. Palavra de Deus *(Mt 1,18-24)*

Assim aconteceu o nascimento de Jesus: Maria, sua mãe, era noiva de José e, antes de viverem juntos, ela ficou grávida por obra do Espírito Santo. José, seu noivo, sendo uma pessoa de bem, não quis que ela ficasse com o nome manchado e resolveu abandoná-la sem ninguém o saber. Enquanto planejava isso, teve um sonho em que lhe apareceu um anjo do Senhor para dizer-lhe: "José, filho de Davi, não tenhas medo de receber Maria como esposa, porque a criança que ela tem em seu seio vem do Espírito Santo. Ela terá um filho, e tu lhe darás o nome de Jesus, pois ele salvará seu povo de seus pecados". Tudo isso aconteceu para se cumprir o que o Senhor tinha dito pelo profeta com estas palavras: "A virgem

conceberá e dará à luz um filho, a quem chamarão Emanuel, nome que significa 'Deus conosco'".
Quando acordou, José fez o que o anjo do Senhor havia mandado.
– Palavra da Salvação!

3. Refletindo a Palavra

Acolher os desígnios e a vontade de Deus nem sempre é fácil. Muitas vezes, à primeira vista, parece que nada faz sentido. Assim aconteceu com Maria, quando o anjo apareceu-lhe dizendo que ela seria a mãe do Salvador. Ela, no início, não entendeu o que aquilo significava, mas colocou-se à disposição para que a vontade de Deus acontecesse. Para José, quando Maria contou-lhe essa história, parecia que tudo era uma grande loucura: ele só começou a compreender um pouco mais o alcance e a grandiosidade desse fato quando o anjo apareceu-lhe em sonho. Maria e José, mesmo sem compreenderem bem aquilo que estava acontecendo, acolheram de bom grado a vontade de Deus e deixaram que os desígnios do Pai se realizassem em suas vidas. Em meio às incertezas e dificuldades, Maria e José confiaram ainda mais no amparo do Senhor.

4. Meditando a Palavra

a) Como acolho os desígnios de Deus para minha vida?
b) Eu e minha família somos disponíveis para fazer a vontade Deus?

5. Oração final *(p. 6)*

3º Dia
SAGRADA FAMÍLIA E A SACRALIDADE DA VIDA

1. Oração inicial *(p. 5)*

2. Palavra de Deus *(Lc 1,1-7)*

Naqueles dias foi promulgado um decreto de César Augusto, determinando o recenseamento do mundo inteiro. Este recenseamento, o primeiro que se fez, foi efetuado quando Quirino governava a Síria. E todos iam alistar-se, cada um em sua cidade. Também José subiu de Nazaré, na Galileia, para a cidade de Davi, chamada Belém, na Judeia, porque era da casa e da família de Davi, a fim de alistar-se juntamente com Maria, sua esposa, que estava grávida. Enquanto estavam lá, completaram-se os dias da gestação. E Maria deu à luz seu filho primogênito; envolveu-o em faixas e o deitou num presépio, porque não havia lugar para eles na hospedaria.
– Palavra da Salvação!

3. Refletindo a Palavra

Uma das coisas mais marcantes na vida de um casal, sem dúvida, é o nascimento dos filhos. Os filhos são expressão do amor do casal. Ser pai e ser mãe é uma dádiva de Deus. Os filhos solidificam e eternizam o juramento de amor feito pelos pais. O nascimento do menino Jesus significou também este momento ímpar na vida de Maria e José. Eles viram de perto o filho de Deus assumindo nossa humanidade na condição de um frágil bebê. Como outras crianças, Jesus necessitou ser acolhido, cuidado e amado. Para José e Maria, o nascimento de Jesus representou o início de uma nova fase de suas vidas. A partir daquele momento, deveriam compartilhar juntos o cuidado e o amor para com aquela criança, que acabara de nascer. Valorizar, conservar e proteger a vida, desde seu início até o seu fim natural, é marca profunda de quem acredita na proposta do Reino e no amor de Deus pela humanidade.

4. Meditando a Palavra

a) Valorizo e defendo a vida desde o nascimento até seu fim natural?

b) De que maneira consigo perceber Deus agindo nas pessoas que fazem parte da minha vida?

5. Oração final *(p. 6)*

4º Dia
SAGRADA FAMÍLIA E A VIVÊNCIA DA FÉ

1. Oração inicial *(p. 5)*

2. Palavra de Deus *(Lc 2,22-24)*

Passados oito dias, quando o menino devia ser circuncidado, deram-lhe o nome de Jesus, conforme fora indicado pelo anjo, antes de ser concebido no seio materno. E quando se completaram os dias para eles se purificarem, segundo a Lei de Moisés, levaram-no a Jerusalém, para apresentá-lo ao Senhor, conforme o que está escrito na Lei do Senhor: "Todo primogênito do sexo masculino seja consagrado ao Senhor"; e para oferecer em sacrifício, como se prescreve na Lei do Senhor, um par de rolas ou dois pombinhos.

– Palavra da Salvação!

3. Refletindo a Palavra

José e Maria eram pessoas profundamente obedientes a Deus e nunca deixavam de cumprir os preceitos religiosos. Por isso, assim que Maria se reestabeleceu, logo trataram de levar o menino, recém-nascido, para ser apresentado no Templo, assim como mandava a Lei. Esse gesto do casal é atitude de pessoas que reconhecem a Deus, presente em todos os momentos de suas vidas. Maria e José se dirigem ao Templo para cumprir um preceito da Lei, mas também para agradecer a Deus o nascimento do filho. Estar sempre na presença de Deus, fazer a sua vontade e agradecer-lhe todas as coisas que acontecem é o que a Sagrada Família de Nazaré nos ensina a viver e a praticar em nossa vida familiar.

4. Meditando a Palavra

a) Tenho me esforçado para viver os preceitos que a fé cristã me pede?
b) Como transmito aos meus filhos e às pessoas que conheço a fé que recebi?

5. Oração final *(p. 6)*

5º Dia
SAGRADA FAMÍLIA, MODELO DE EDUCAÇÃO

1. Oração inicial *(p. 5)*

2. Palavra de Deus *(Lc 2,39-40)*

Depois de haverem cumprido todas as prescrições da Lei do Senhor, voltaram para a Galileia, para sua cidade de Nazaré. O menino, entretanto, ia crescendo e se fortificava, enchendo-se de sabedoria. E a graça de Deus estava sobre ele.
– Palavra da Salvação!

3. Refletindo a Palavra

São os pais os primeiros responsáveis pela educação dos filhos. São eles quem deve preparar as crianças para a educação formal, que receberão na escola, ajudando-as a estabelecer as bases para a formação de sua personalidade e de sua identidade. Essa tarefa de educar é reponsabilidade tanto do pai quanto da mãe: os dois devem ensinar os filhos os valores, as posturas e a maneira de se comportarem para a vida em sociedade. Na família de Nazaré não foi diferente: desde cedo, José e Maria atuaram ativamente na educação do filho, ensinando ao menino Jesus tudo aquilo que seria imprescindível para realizar-se plenamente como pessoa. Transmitiram-lhe ainda a fé e os ensinamentos de sua religião. Nesse sentido, a Sagrada Família é para nós modelo de família e, principalmente, de pais que se preocupam com a dimensão da educação e formação moral, ética e social dos filhos.

4. Meditando a Palavra

a) Tenho assumido minha responsabilidade como primeiro educador dos meus filhos?
b) Minhas atitudes no dia a dia confirmam ou negam os valores que transmito aos meus filhos?

5. Oração final *(p. 6)*

6º Dia
SAGRADA FAMÍLIA E A UNIÃO NOS MOMENTOS DIFÍCEIS

1. Oração inicial *(p. 5)*

2. Palavra de Deus *(Lc 2,42-50)*

Quando ele tinha doze anos, subiram para lá, como era costume na festa. Passados os dias da festa, quando estavam voltando, ficou em Jerusalém o menino Jesus, sem que seus pais o notassem. Pensando que ele estivesse na comitiva, fizeram o percurso de um dia inteiro. Depois o procuraram entre os parentes e conhecidos e, não o encontrando, voltaram a Jerusalém à sua procura. Depois de três dias o encontraram no templo, sentado no meio dos doutores, ouvindo-os e interrogando-os. Todos os que o ouviam estavam maravilhados com sua sabedoria e com suas respostas. Quando seus pais o viram, ficaram muito emocionados. E sua mãe lhe perguntou: "Filho,

por que fizeste isso conosco? Teu pai e eu te procurávamos, cheios de aflição..." Jesus respondeu-lhes: "Por que me procuráveis? Não sabíeis que devo estar naquilo que é de meu Pai?" Mas eles não compreenderam o que lhes dizia.
– Palavra da Salvação!

3. Refletindo a Palavra

Um dos momentos mais angustiantes na vida de Maria e José foi quando aconteceu a perda do menino Jesus na viagem da família a Jerusalém. Jesus, naquela ocasião, tinha 12 anos. Ao voltarem, José achou que o menino estivesse junto com a mãe, e Maria achou que o menino estivesse com o pai. Acabaram por descobrir que o menino havia ficado na cidade. A atitude de José e Maria, diante desse momento difícil, foi exemplar: em vez de ficarem culpando um ao outro pelo que aconteceu, eles se uniram e foram juntos procurar o filho. Após muita procura, encontraram o menino no Templo conversando com os doutores.

Diante dos momentos de dificuldade e de sofrimento na família, nossa atitude deve ser de união, de ajuda mútua e de diálogo: brigar e culpar um ao outro nunca resolverá coisa alguma. A Sagrada Família é exemplo de como se deve proceder nos momentos difíceis e de provação pelos quais passam todas as famílias.

4. Meditando a Palavra

a) Como me comporto nos momentos de dificuldades de minha família?
b) Sou uma pessoa verdadeiramente disponível e aberta para dialogar?

5. Oração final *(p. 6)*

7º Dia
SAGRADA FAMÍLIA E A DIGNIDADE DO TRABALHO

1. Oração inicial *(p. 5)*

2. Palavra de Deus *(Ecle 3,10-13)*

Tenho observado a tarefa que Deus dá aos homens para que dela se ocupem. Ele fez belas todas as coisas em seu devido tempo; pôs no coração dos homens o sentido da duração, mas sem que eles possam entender a obra realizada por Deus do princípio ao fim. Concluí que não há nada melhor para eles do que se alegrar e agir bem em sua vida. Mas que um homem coma, beba e encontre alegria em seu trabalho é um dom de Deus.
– Palavra do Senhor!

3. Refletindo a Palavra

O trabalho dignifica o homem. Por meio do trabalho o ser humano se sustenta, garantindo a sua sobrevivência e a sua realização. O trabalho foi dado por Deus ao ser humano, por isso ele é sagrado. São Paulo diz que "quem não trabalha também não deve comer" (2Ts 3,10). Na vida da Sagrada Família, também o trabalho deve ter ocupado lugar significativo. Podemos imaginar José exercendo sua profissão de carpinteiro, produzindo móveis e utensílios, e Maria ocupada com os afazeres da casa. Jesus certamente aprendeu o ofício de carpinteiro e, desde pequeno, aprendeu a trabalhar junto com José. O trabalho feito com amor e dedicação dignifica o ser humano e alegra a Deus.

4. Meditando a Palavra

a) O trabalho que realizo me dignifica ou o encaro como um peso?

b) Sou dedicado naquilo que faço ou cumpro apenas o estritamente necessário?

5. Oração final *(p. 6)*

8º Dia
SAGRADA FAMÍLIA E A SERENIDADE DIANTE DA MORTE

1. Oração inicial *(p. 5)*

2. Palavra de Deus *(Ecl 12,1-7)*

Lembra-te de teu Criador nos dias de tua juventude, antes que venham os dias tristes e cheguem os anos dos quais dirás: "Não tenho neles nenhum gosto", antes que se escureçam o sol e a luz, a lua e as estrelas, e retornem as nuvens depois da chuva; quando tremem os guardas da casa e se curvam os homens robustos, e as mulheres, uma depois da outra, cessam de moer, e se ofuscam aquelas que olham das janelas, e se fecham as portas da rua; quando diminui o ruído do moinho; quando se acorda com o canto dos pássaros e se calam todas as canções; quando se tem medo das subidas e se levam sustos no caminho; quando floresce a amendoeira, e o gafanhoto se arrasta com

dificuldade, e a alcaparra não terá mais efeito, porque o homem parte para sua morada eterna, e os pranteadores percorrem as ruas; antes que se arrebente o cordão de prata, e a lâmpada de ouro se quebre, e se rompa a ânfora na fonte, e a roda se parta e caia no poço, e retorne o pó à terra, como era antes, e o espírito volte a Deus, que o deu.
– Palavra do Senhor!

3. Refletindo a Palavra

Não temos referências à Sagrada Família no período que vai dos 12 até os 30 anos de Jesus, quando ele foi batizado por João Batista, no começo de sua vida pública. Quando os Evangelhos voltam a falar de Jesus, apenas sua Mãe, Maria, é citada; de José nada se fala, acreditando-se que ele já estivesse morto. Nada sabemos sobre o que aconteceu. O mais provável seja que em algum período deste tempo tenha ocorrido a morte de José. Com certeza foi um momento difícil para Maria e Jesus, já que a família era muito unida.

A realidade da morte é parte integrante do ciclo da vida: ninguém ou nada é eterno. Somos de Deus e para Deus voltaremos um dia. Saber lidar com esses momentos e se preparar para eles, principalmente quando se trata da morte de alguém próximo, como o pai, a mãe ou um filho, é algo muito importante. Para quem acredita e tem fé a morte é apenas uma passagem.

4. Meditando a Palavra

a) Como encaro a realidade da morte?
b) Acredito na vida eterna e na ressurreição?

5. Oração final *(p. 6)*

9º Dia
SAGRADA FAMÍLIA E A SANTIDADE

1. Oração inicial *(p. 5)*

2. Palavra de Deus *(1Pd 1,14-20)*

Como filhos obedientes, não sigais os maus desejos de outrora, quando estáveis na ignorância, mas, assim como é santo aquele que vos chamou, tornai-vos santos vós também em toda a vossa conduta, porque está escrito: "Sede santos, porque eu sou santo". E, se rezando, chamais de Pai aquele que julga com imparcialidade a cada um conforme suas obras, procurai viver com temor enquanto estais aqui de passagem, sabendo que fostes resgatados da vida fútil que herdastes de vossos antepassados, não a preço de coisas perecíveis como a prata ou o ouro, mas pelo sangue precioso de Cristo, o Cordeiro sem defeito e sem mancha, predestinado antes da criação do mundo e manifestado nos últimos tempos para vós.
– Palavra do Senhor!

3. Refletindo a Palavra

A Sagrada Família é uma referência que deve inspirar todas as famílias cristãs. Na família de Nazaré, manifesta-se a presença amorosa de Deus, que, quando enviou seu Filho ao mundo, quis que ele nascesse no seio de uma família. Maria e José representam todos aqueles que, com alegria e disposição, acolhem os desígnios de Deus em suas vidas. Eles são modelos de fé, de seguimento e de como se deve viver a vida matrimonial. Em todos os momentos e em todas as situações, somos chamados a viver a santidade, e a vida familiar é o lugar por excelência em que ela deve ser vivida. A família é a base de tudo, é a primeira Igreja, em que cada um de seus membros é convidado a viver e a partilhar o amor de Deus, presente em sua própria vida.

4. Meditando a Palavra

a) Sinto-me chamado a viver a santidade?
b) Como vivo a santidade na minha família?

5. Oração final *(p. 6)*

Índice

A Sagrada Família 3

Oração inicial 5

Oração final 6

Oração à Sagrada Família 8

1° Dia: Sagrada Família e a vocação para o amor 9

2° Dia: Sagrada Família e os desígnios de Deus 11

3° Dia: Sagrada Família e a sacralidade da vida 14

4° Dia: Sagrada Família e a vivência da fé 17

5° Dia: Sagrada Família, modelo de educação 19

6° Dia: Sagrada Família e a união nos momentos difíceis 21

7° Dia: Sagrada Família e a dignidade do trabalho ... 24

8° Dia: Sagrada Família e a serenidade diante da morte ... 26

9° Dia: Sagrada Família e a santidade 29

Este livro foi composto com as famílias tipográficas Avenir, Bellevue e Calibri e impresso em papel Offset 75g/m² pela **Gráfica Santuário.**